시동인 미루 2호

시동인 미루 2호
미루

초판 1쇄 발행 2024년 12월 21일

지은이 시동인 미루
펴낸이 한춘희
펴낸곳 지성의 상상 미네르바
등록번호 제300-2017-91호
등록일자 2017. 6. 29.
주소 03131 서울특별시 종로구 율곡로 6길 36, 월드오피스텔 802호
전화 010-5417-1073
전자우편 minerva21@hanmail.net

ISBN 979-11-89298-73-9 (03810)

값 12,000원

* 이 책은 전부 또는 일부 내용을 재사용하려면 반드시 저작권자와 미네르바의 동의를 받아야 합니다.

시동인 미루 2호

미네르바

■ 미루의 창을 열며

그는 독한 에고이스트다. 그만을 바라보길 고집한다. 허기지고 적막하게 내 안을 비워놓아야 한다. 미달이 하나를 사이에 두고 '나의 아름다운 그대'로 문밖에 세워두어야 한다.
그때 비로소 내게로 찾아온다.
달빛으로 천둥으로 돌풍으로 사막으로 저녁 숲으로 건너와 말을 건넨다. 그러다가 훅 떠나가는 나의 그대여!
시는 내게 그랬다.(유현숙)

순결했던 유년이 그리워지는 날입니다.
잠시 잊고 있었던 아득해지고 까마득하던 그 시절이
어느 순간 물총새 벌레 잡듯 튀어 오릅니다.
그 찐한 감동을 詩로 풀어보려는 저를 바라봅니다.
(신새벽)

운명적 사랑이란, 풀 수 있는 것과 풀 수 없는 것이 함께 얽혀 살아가는 관계입니다. 절대적인 관계입니다. 삼라만상이 감당해야 할 고독을 심장으로 느낄 때마다 좋은 시란 무엇인가를 생각합니다.
시인의 무게를 감당하게 하소서!(김선아)

유례없는 더위를 견디며 남녘으로 향하던 길이었다. 그토록 씩씩했던 당신이 힘없이 무너졌다는 소식을 받았다. 당연히 언제 그랬냐는 듯 웃으며 일어날 줄 알았는데, 당연한 건 없다는 듯 아직도 두 눈 꼭 감고 있다.
만져본 기억이 나지 않는, 앙상한 젖가슴을 더듬어 본다. 잘 있으라는 인사는 하고 가야지, 아이처럼 칭얼대도 꿈쩍하지 않는다. 나는 다만, 너무 늦어 미안한 말을 적어놓고 읊조린다. 사랑해…. 엄마.(김밝은)

달빛이 쌓입니다. 함박눈처럼 쌓입니다.
하염없어 갇혔으면 합니다.
사나흘쯤 느슨해지겠습니다.
그냥 갇힌 며칠이 다디달겠습니다.
혹 시도 폭폭 쌓일지 모릅니다.
그리움이 달빛만큼 쌓이는 밤의 몽상입니다.(금시아)

때때로 바람 불고 폭우가 쏟아졌지만
괜찮습니다. 나의 詩가 그 속에 뿌리를 내리고
단단해지거나 혹은 연해져서
매혹의 시간을 총총 건너가고 있으면 좋겠습니다.
(강빛나)

한 줄의 문장을 쌓았다 풀었다 만지는 골똘한 시간
그러나 아직도 내가 쓴 문장은 끓어오르기엔
준비된 말이 없어 한 걸음도 나가지 못한 안개 속이다.
창밖 꽃밭의 맨드라미는
저렇게 빨리 자라 저리도 붉어지는데.(하두자)

■ 차례

미루의 창을 열며

초대의 자리

문효치 바퀴 · 22

이경교 목련을 읽는 순서 · 24

정숙자 공우림空友林의 노래 · 28

박남희 아름다운 뒷것 · 30

김병호 슈게이징 —베란다의 마음 · 34

동시영 째깍거리 길 묻기 · 38

천서봉 무업 · 42

미루

유현숙	근작시	시의 산책 _ 48
		별, 그 흐름에 관한 보고서 _ 52
		문호리 _ 54
	신작시	베를리오즈를 듣는 새벽 2 _ 56
		어떤 처방전 _ 58
		연애소설을 읽다 _ 59
신새벽	근작시	낙엽 경전 _ 62
		닫힌 문 _ 64
		조금 _ 66
	신작시	내 방은 또 다른 어항 _ 68
		그림자 쉬어 가는 곳 _ 70
		다시, 갯벌 _ 72

김선아	**근작시**	사월 하순 _ 76
		포도알마다 씌워줄 보라색 털모자를 뜨겠습니다 _ 77
		아파트를 남편과 공동명의로 계약했다 _ 78
	신작시	여우비는 휘발성 강한 눈 깜짝할 새네 _ 79
		독실료 _ 81
		머리를 분홍으로 염색했다 _ 83
김밝은	**근작시**	스카이워커스: 사랑 이야기 _ 86
		데스 브로피Des Brophy의 시선으로 _ 88
		시절인연 _ 90
	신작시	누군가 떠나려는 기분을 보여줄 때 _ 91
		나와 닮은 얼굴을 보고 놀란 적이 있습니다 _ 93
		늦으면 죄가 되는 말, _ 95

금시아	**근작시**	노 젓듯 찻잔을 젓는다 _ 98
		머구리 K _ 100
		윤달 _ 102
	신작시	달의 경전 _ 104
		먹물을 흠뻑 적셔 _ 106
		봄의 소견서 _ 108

강빛나	**근작시**	안초베타 _ 112
		이택재의 밤 _ 115
		파토스 _ 117
	신작시	빨리빨리 _ 119
		사량도 蛇梁島 _ 121
		新 부활 _ 123

하두자 **근작시** 클라이밍 _ 126

모네의 정원 _ 128

허그 _ 130

신작시 선율 _ 132

다락방 _ 134

엎드리다 _ 136

초대의 자리

문효치 바퀴

이경교 목련을 읽는 순서

정숙자 공우림空友林의 노래 · 17

박남희 아름다운 뒷것

김병호 슈게이징 – 베란다의 마음

동시영 째깍거리 길 묻기

천서봉 무업

문효치

1966년 한국일보 및 서울신문 신춘문예 당선. 시집 『무령왕의 나무새』 『왕인의 수염』 『별박이자나방』 『모데미풀』 『어이할까』 『바위』 등 15권. 시조집 『나도바람꽃』. 산문집 『시가 있는 길』 등 3권. 김삿갓문학상, 정지용문학상, 한국시협상 등 수상. 옥관문화훈장 수훈. 한국문인협회 이사장. 국제 PEN한국본부 이사장 등 역임. 현재 미네르바 대표.

바퀴

문효치

펑크는
바퀴의 언어다

밑에 눌려 혹사당하는
최악의 노예

면상으로 뜨거운 아스팔트를 핥거나
절름거리며 차가운 눈밭에서 헛걸음칠 때
복중에는 악마가 자라고 있나니

어느 날 그 악마가 발기하듯 일어서고
질긴 장막을 뚫고 나올 때
그 언어는 이미 폭력이 되느니
온순하게 구르는 그 속내에는
분노의 언어가 끓고 있나니

이경교

1986년 『월간문학』 신인상으로 등단. 시집 『이응평전』 『수상하다 모퉁이』 『목련을 읽는 순서』 등. 저서 『한국현대시정신사』 『푸르른 정원』 등. 수상록 『향기로운 결림』 『지상의 곁길』 등. 역서 『은주발에 담은 눈』 등. 동국문학상 수상. 명지전문대학 문예창작과 교수 역임.

목련을 읽는 순서

이경교

애야, 나는 목련을 만났지만 그릴 수가 없단다 목련은 텅 빈

이름이 아니라 언덕의 영역에 속하므로, 그보다 더 먼 높이거나

쓸쓸한 그릇의 일부이므로 나는 목련을 썼다가 지우고, 그 빈터에

도랑을 파기로 했단다 목련의 몸에서 여울물 소리가 들리는 건

목련의 고향이 강물이기 때문이란다 네 몸에서도 악기 소리가 날 때,

그때쯤 네 안에서도 목련이 자라겠지

애야, 목련은 어디에나 있으나 어디에도 없단다 화사한 눈빛으로

〈

　제 안의 비밀을 토해내지만, 그때 목련은 죽음의 발치에 다가선 것이므로

　잊어야 한다 목련은 이제 뜯겨진 명부$_{名簿}$, 네가 뒷골목에서

　어둠을 두 눈에 담을 때, 너는 이미 목련을 익히기 시작한 거란다

　이름을 보는 대신, 너는 꽃그늘이 되어

　너 지워진 자리만 하얗게 남겨진 거란다

정숙자

1988년 『문학정신』으로 등단. 시집 『공검 & 굴원』 『액체계단 살아남은 니체들』 등, 산문집 『행복음자리표』 『밝은음자리표』, 김삿갓문학상, 동국문학상 등 수상.

고마운 원고를 주셨는데, 이 작품이 마지막 인사가 될 줄 몰랐습니다. 이 시대 빛나는, 보기 드문 참시인이셨습니다. 삼가 고인의 명복을 빕니다.

공우림空友林의 노래 · 17

정숙자

홀로 숲속을 걷노라면 풀벌레 소리 가득합니다. 낙엽 썩는 향기와 버섯 냄새도 오롯이 당신께 전하고 싶어집니다. 별스럽지도 않은 싸리꽃이 찌르르 한 줄기 햇살을 덧칠합니다.(1990. 7. 24.)

— —

한자리에 서 있어도
제 할 일 다 하는 나무

인내, 성장, 보람, 베풂…

한자리에 서 있어도
제 할 일 다 하는 나무

서고에
서 있는
칸트 같은 나무

박남희

1996년 경인일보, 1997년 서울신문 신춘문예 당선. 시집 『폐차장 근처』 『이불속의 쥐』 『고장난 아침』 『아득한 사랑의 거리였을까』 『어쩌다 시간여행』. 평론집 『존재와 거울의 시학』. 현재 시전문지 『아토포스』 편집주간.

아름다운 뒷것

박남희

아침이슬은
캄캄한 밤을 지새운 뒷것이 밀어 올린 새벽의
영롱한 눈동자다

무수한 앞것들을 남겨놓고 뒷것이 갔다

앞것들보다 늘 한 발짝 뒤에 서서
캄캄한 시대를 노래했던 아침이슬이 스러졌다

아침이슬은 잠시 스러져도
긴 밤 풀잎 위에 맺혀있던 눈물들을 다시 그러모아
신새벽에 영롱하게 빛난다

작은 연못에서 잔잔한 파문을 일으키며
뒷것의 노래가 은은하게 번져온다

이 땅의 부끄러운 앞것들을 향하여
장엄하게 울려 퍼지던 노래
그 노래는 거친 광야까지 퍼져나가

부끄러운 앞것들을 자랑스런 뒷것으로 바꿔놓았다

뒷것의 푸른 풀잎이 밀어올린 아침이슬의 힘이다

캄캄한 밤을 영원한 신새벽으로 만드는
아침이슬을 머금고 있는 풀잎은 늘 푸르다

이제 아름다운 뒷것은 가고 부끄러운 앞것들만 남았다
뒷것이 없는 앞것은 앞것이 아니다

아름다운 뒷것, 아침이슬은 그래서 영원히 사라지지 않는다

김병호

2003년 문화일보 신춘문예 당선. 시집 『달 안을 걷다』 『밤새 이상을 읽다』 『백핸드 발리』 등. 현재 협성대 문예창작학과 교수.

슈게이징 −베란다의 마음

김병호

살 부러진 우산을 쓴 채 간이의자에 앉아 있는 남자가 보입니다

입춘이 지나도 치우지 않은 크리스마스트리 같습니다

이름을 붙일 수 없는 마음 그래서 그냥 비워두는 마음도 있다고 합니다

노력도 없이 하루가 가고, 움푹한 하늘 저편으로 쇄빙선들이 모여듭니다

어제 당신이 닿으려던 자리로 흐르는 구름들

어디로 가는지 묻지 못하고 서성이던 기척입니다

받으면 안 되는 마음처럼, 잊어야 지켜지는 마음도 있다고 합니다
〈

들키고 싶지 않은 마음과 찾아주길 바라는 마음의 차이를 모릅니다

다만 구멍 숭숭 난, 어제의 바깥에 비로소 마음이 깃들지 않습니다

누군가 훔쳐 가길 기다리고 있는지, 누군가 파다하길 기다리고 있는지

바짓단을 타고 오르는 빗길이 남자의 마음을 지웁니다

당신이 내놓은 의자인지 아무도 모릅니다

동시영

2003년 『다충』으로 등단. 시집 『수평선은 물에 젖지 않는다』 등 10권. 산문집 『여행에서 문화를 만나다』 『문학에서 여행을 만나다』 등. 시론집 『현대시의 기호학』 『한국문학과 기호학』 『노천명 시와 기호학』 등. 시와시학상, 한국불교문학상대상, 동국문학상, 월탄문학상, 영랑문학상 평론 대상 등 수상. 한국문화예술위원회 창작지원금 수혜.

째깍거리 길 묻기

동시영

시계가 째깍거리를 간다
횟집 갈치조림이 시간을 졸인다

날마다 조금씩 태어나는 사람들

잠깐 동안의 드리움이다

소유는 무소유를 소유한다

꽃은 끝없이 돌아오는 메아리
개나리 진달래… 작은 있음 채송화
계절은 우릴 맴도는 동그라미

구름 파도 기억 사람 바람 만남
떠도는 것들은 눈물을 가졌다

아무리 늙어도 천진난만 세상
철없는 아가처럼
하고 싶은 대로 한다

〈
길 없어도 잘 가는 개미들 옆
한 사람이 길을 묻고 있다

길들이 그를 지나가고 있다

천서봉

2005년 작가세계 신인상으로 등단. 시집 『서봉氏의 가방』.
포토에세이 『있는 힘껏, 당신』.

무업

천서봉

나는 오후를 조금 만들었다 귀퉁이를 허물어서 소멸을 접어보다가 무슨 청승인가 싶어

그만두었다 고요를 고요로 만드는 길은 가물다 귀신은 주기적으로 관목 숲 근처를 서성거렸고

나는 격﹍으로서의 아름다움이 염소를 끓여내는 뒷마당의 슬픔보다 더 뜨겁다고 생각했다

아침에는 아침을 입고 밤에는 밤의 문장으로 태어나는 것이 시신﹍﹍을 위로하는 내 유일한 춤

그리하여 모든 배꼽이 부적처럼 불온할 때 우리의 병력은 우리를 진심으로 끌어안아 주었다

오후는 이따금 병들고 나는 그런 오후를 만지작거리며 소일했다 오후가 나를 조금 만든 건가
　〈

생각할 때 겨울은 시린 발을 내밀며 묘지 주변을 동
동거렸다 업은 발가락보다 머리가 많았다

미루

유현숙

신새벽

김선아

김밝은

금시아

강빛나

하두자

유현숙

근작시   시의 산책

별, 그 흐름에 관한 보고서

문호리

신작시   베를리오즈를 듣는 새벽 2

어떤 처방전

연애소설을 읽다

■ 근작시

시의 산책 외 2편

유현숙

1.
붉게 물든 놀빛이 증도의 염밭을 물들인다
파도 검푸르게 달려와
바닷물보다 더 짠 데시벨로 출렁이고 스민다
심장은 갈라 터진 소금밭
외눈으로 읽은 붉은 집념은
한계 밖의 현상
손금에 없는 우주를 떠도는
나선의 진동
떠올랐다 가라앉고 다시 떠오르는
어떤 말〔言〕은 나를 흘러온 거품 말〔沫〕,
견디기 힘든 역설이다
발바닥에 밟힌 소금 알갱이를 털어내고
한칼 한칼 순도 높은 침묵을 떠
바다에 재였다
바다는 몇 필의 통곡을 받아내는
울음청聽
〈

염막에 달빛 푸르다

2.
운남성의 장인은 공책을 엮고 나서
동파문자로 내 이름을 썼다
야룽강가의 어느 부족은 제 성과 이름까지 신처럼 모신다는데
어디에도 가 닿지 못할 적막의 그림자를
나는 공책에다 새겼다
첫 장을 열면
산과 물과 바람과 불이 일어나고
붓끝에는 불통의 서약들이 새벽 기침처럼 매달려 있다
동파문이었다

몇 개의 계절이 지나고 나면
여기까지 잘 건너온,
살아 있어 고마운,

낯선 골목에서 마주친 그대에게
손 먼저 내밀 수 있겠다

3.
새를 쫓던 깡통 바람개비는
제 역할을 다 마쳤다는 듯
옥수숫대가 말라가는 밭머리에 엎어졌다
가을걷이 콩밭은 그대처럼 황량했고
가장 작은 홀씨가 큰바람을 몰고 오던 날
모딜은 그림자만 길게 끌고 사라졌다
내가 본 마지막 뒷모습이다
긴 시간의 축적도 순간의 망각에 불과할까

4
어둠을 지고 앉아 몇 번씩 한 이름을 적는다
잊지 않기 위해
떠나보내기 위해
더 이상 그리워하지 않기로 한 다짐을 위해,

고독과 고립 사이에 슈퍼문은 떴다
새털구름과 달무리가 엉겨있는
희고 붉은 거기가 하늘이다

저녁 냇가에서 펄떡펄떡 튀어 오르던 잔고기들도
지금은 잠든 밤중
새들도 울지 않는다

길고 긴 날을 얼마나 돌아왔을까.

별, 그 흐름에 관한 보고서

저 봐, 하늘의 별
모든 것이 정지되는 밤이지
둘러싼 공기도 잃어버린 숲에 대한 사무침도
멈췄어
비로소 완벽한 적요
숨을 죽이고 그대 오는 길을 점치고 있지
바깥은 단절 없이 폭발하고 분열하고 생성을 거듭하지
몸도 생각도 둥근 구球
고백은 몇억 년을 흘러온 변종이야
여기와 저기를 흘러야 할 그것이
저기를 흘러 여기에 닿질 않아
별과 별이 교차하고
어떤 자장 안에서는 근원도 없이 와해되기도 성단을 이루기도 하지
성단이란 고독한 행렬을 뒤따르는 자들의 무덤
누군가 부르는 노래는 허공을 떠도는 비애
꿈꾼다는 건 꾸물대는 날씨 같은 허풍의 풀무질

들어봐

별자리를 보며 사막의 능선을 넘는 자는

한계의 바깥과 안쪽을 구분하지

블랙홀이기도 신생의 요람이기도 하지

창세부터 홀로 걷는 이들은 저마다의 색실로

꿈을 깁지

그러니 들어봐

한계를 지우는 자만이 여러 생을 거쳐 온 밀어를 획득하지.

문호리

강물 속으로 해가 들어가면 강바닥은 불이 붙지
맥 놓고 바라보다가 창자가 뒤집힌 적 있어
그런 날은 붉게 탄 강물에서 노를 저었어
빈손으로도 부르주아의 낭만 가이가 되지
그때마다 대본처럼 모터보트 한 대가 강물을 가르며 다가오고
내 낭만은 물결무늬에 불과해
문호천에서
어떤 사람은 왼손으로 고기를 건져 올렸대
장마철엔 강물도 험악해져
덜거덕덜거덕 자갈들이 강바닥을 긁지
그 울음에 내가 뒤집어져

신은 한마디 말씀으로도 땅과 바다를 나누고
물고기와 새들에게 숨을 불어 넣었다는데
사람의 언약이란
겨우 팔뚝에 새긴 문신 한 줄이야
젊은 날의 밀어도 언약도 희미하게 바래지지

누군가 스치고 간 물결에 여기까지 떠내려와
온몸 그득
자갈들이 긁고 간 빗줄무늬만 읽고 있네

■ 신작시

베를리오즈를 듣는 새벽 2 외 2편

유현숙

봄밤이다
베를리오즈를 듣는다
듣다가
시 베를리오즈를 듣는 새벽을 꺼내 읽는다
시 속의 엄마는 여든일곱
봄밤의 엄마는 아흔다섯

―뭐 잡숫고 싶어요?
―으, 그래 잘 있다. 별일 없냐?

무탈했던 청력이 겨울나며 무너지고 수화기 너머에서
동문서답이다
혼자 화투점을 치다가
늘어진 테이프 속으로 봄날을 걷다가
청매 벙그는 소리에 몇 번씩 방문을 여닫지만
밤 고양이 울음만 축담 아래 수북하다
오지 않는 발자국 대신
봄날 새벽에 애간장이 간지럽고

환상교향곡 2악장에서 엄마의 연분홍 치마만
휘감기며 돈다

아침 오면 저 꽃들 다 벌겠다.

어떤 처방전

시를 끊으시오
시를 저잣거리에 내놓지 마시오

손금을 자르는 역설의 날(刃) 맵고 시퍼렇다

어떤 명약으로도 디톡스 되지 않는
만성중독자에게 내린 처방전을 들고 육자배기 가락으로
난장을 유랑하는 이 누구인가.

연애소설을 읽다

1
계절마다 자오선을 지나가는 별자리는 읽지
전갈자리가 동쪽 하늘에서 뜨면
오리온자리는 서쪽 하늘로 숨고
마차부자리와 큰곰자리 사이에 살쾡이좌가 있지
어린 살쾡이는 누구도 해할 줄 몰라
공격하지 않는 것들은 결코 죽이지 않는 것
그러나 우리 부족과 암소와 암 노새를 공격하는 것들은
사냥하지
그것이 수아르족 인디오들이 지키는 계율이야
글자를 모르지만
마을 치과의사에게 갈 때마다 단어를 배웠어
몇 개의 낱자들로 더듬더듬 읽는 연애소설에는
사랑이 이별이 아픔이 그리움이 있었어
폐부를 가르는 그것들이 별처럼 반짝여
인간의 언어가
인간의 심장을 채굴하고 새기는 조각도일 줄이야.

2
새소리 들리고 달빛 머물고 큰 창이 있는 방에서
나는 행복과 삶의 방식과 사랑에 대하여
수아르족이면서 수아르족이 아닌 한 노인에 대하여
그리고 먼 나라
멈출 줄 모르는 살육과 피와 폭탄에 대하여
인간이라는 밀림에 대하여 생각하고 생각해.

유현숙

2001년 『동양일보』와 2003년 『문학·선』으로 등단. 시집으로 『몹시』 『외치의 혀』 『서해와 동침하다』, e-Book 『우짜꼬!』 『고독한 여름』. 에세이(공저) 『세상의 존귀하신 분들께』가 있다. 제10회 미네르바작품상 수상. 한국문화예술위원회 창작기금 수혜.

신새벽

근작시 낙엽 경전

  닫힌 문

  조금

신작시 내 방은 또 다른 어항

  그림자 쉬어 가는 곳

  다시, 갯벌

■ 근작시

낙엽 경전 외 2편

신새벽

온갖 수식어를 다 내려놓았다

꽃들의 잔뿌리
벌레들이 알뜰하게 먹어치운
섬유질의 행로를 그대로 간직하고
불안정한 기울기조차 허용되지 않는 듯
차곡차곡 쌓아놓은 퇴적층

발에 으깨진 붉은 얼굴조차 환하다

지렁이의 푸념, 풀벌레들 갈등의 소리
얼굴을 처박고 울음을 우는 새들의 형용사도
고스란히 적어놓은 목차

서로의 경계가 사라진 한 몸
가난한 사람의 빈 주머니 같은 그대의 신음소리마저
토닥토닥 다독여 주고 있다
〈

푸른 이파리 드문드문 섞여
계절의 빗장도 살짝 열어 놓았다

편두통을 앓는 나에게 마침표처럼 고요히 누워있다

닫힌 문

웅크린 시간이 견고하다

어둠 속에 당당히 눌러앉아 덩굴손을 뻗고 있는 이름
영원히 잊혀지질 않을 것 같은 두려움이다
질펀하고도 혼곤하게 얻어맞았던 질타

가슴팍은 너덜너덜

절차 없이 뛰어내리는 절벽 끝 꽃잎처럼
불안정한 바람을 올라타기도 하고
구름에 잘려나간 달에 머무르지만
소용없다

좀처럼 좁혀지지 않는 숨소리
부러져버린 기억 속 수식어들이 이별을 부추기고
관계 밖은 싸늘하기만 하다

마음 한편 녹이 슨 문고리

좀처럼 열리지 않는 빗장의 카르마

이슬처럼 사라져 버린 암호

가위질이 서툰 새벽은
칠흑을 자르다가 목울음만 구겨 넣고 있다

조금[*]

들숨으로 석양을 마신다

귓속에 박힌 화살이 좀처럼 빠지지 않고 있다
짜디짠 바닷물에 환부를 갖다 대본다
아니겠지… 아닐 거야…

바다가 토해놓은 고동을 몇 개 주워 손바닥에 올려놓고
향기로운 듯 코를 킁킁거린다

외딴 언어들만 줄지어 늘어선 바닷가에
허리 굽은 늙은 여자가 허물어져 가는 상현달 아래 멈춘다
손바닥 위에 놓인 고동을 바라보며
뭣 한디 왔소, 조금이 자네…
세월의 녹물이 꿉꿉하게 흘러내리는 목소리

아직 밀봉되지 못한 울음이 터지기 직전

그녀가 탄식하듯 내뱉은 말에
툭하고 웃음이 터져 나온다

불안했던 촉수가 슬며시 가라앉는다

바닷물로 끈적이는 발을 오므리며
굽은 허리를 향해 시선을 두고 가볍게 목례를 한다

* 조수간만에 차이가 가장 작은 때.

■ 신작시

내 방은 또 다른 어항[*] 외 2편

신새벽

물고기는 물속에 없다

헬륨가스를 배부르게 먹은 화려한 색의 물고기들이
주황빛 공간을 유영한다

어항 속 빗장을 걸었던 편견을 풀어 헤친다

허공에 담아보는 심장
치명적이지만 보이지 않는 혓바닥도 생겼다
　농도를 조절하며 천천히 신기루 같은 시간을 핥으며
속도를 유지한다

푸른빛 조명은 소리의 오브제처럼 파편화되고

눈사람이 녹아내리는 소리
쓸쓸한 구석, 부유하는 먼지들
피아노의 건반은 곡선을 그리며 연주한다
　〈

내가 잃어버렸던 주파수의 기호들이 나열되어 있는
벽에는
만지지 마세요!
난폭한 메시지가 싸늘하다

소리에 놀라 순간적으로 지우는 입

난 목소리를 닫은 채 물속 같은 공간에서
길을 찾는 아이콘이 되어간다

* 필립 파레노의 작품.

그림자 쉬어가는 곳[*]

    자그마한 집 한 채
    주홍빛 색이 둘러친 굴뚝에서 푸른 하늘빛 연기가 돋아나고 있다

    초경을 치르는 풋내 나는 대나무들과
    시비 걸기조차 힘겨워 보이는 늙은 대나무를 번갈아 눈길을 두는데
    산중 술잔 비우던 옛날 그 남자가
    지금으로 달려와 슬그머니 내 옆에 앉아
    호령하듯 단단한 목소리로
    정수리에 성산이란 이름 하나 꽂아 놓고 후다닥 달아난다

    스크래치 난 내 음성이 나오기도 전
    궁핍하고도 초라한 손가락으로
    빛바랜 마룻바닥에 찐하게 써보는 고딕체

    정철…

〈
일렁이는 창계천 그 물결이 내려가지 마라
눈구멍을 후비듯 파고들고
난 꿈꾸듯 일어서
하사夏詞**의 허방에 발을 딛는다

풍경이 붉은 해를 가리기 시작하자
향기로운 구름들 유유자적 흐르고
그 경계,
명상에 잠긴 새 한 마리

* 식영정.
** 성산별곡 중 여름.

다시, 갯벌

슬픔을 유인한다
차오르기를 기다리는 것은 감정의 현상소

가고 싶다,를 잠꼬대처럼 중얼거리다
꿈의 정수리를 잡아끌고 달려간다

상투적 인사는 안 하기로 하자

보폭을 움츠리고 낯선 환호처럼 들리는 바다의 출렁임
익명의 발꿈치들이 남겨놓은 흔적들이
쓸쓸히 배열되어 있다

구멍으로 도망가는 일이 일생인 게의 무리들
곧은 허리를 한껏 구부리고
고양이의 실루엣을 흉내 내어본다

얼굴을 파먹고 목울대를 치는 바람
〈

숨죽이고 둥근 선 가장자리에 주저앉아 바다가 부려놓은 냄새와
달을 먹고 돌멩이들이 잉태한 흰 거품들
부풀어 오른 멍투성이, 짙은 갯벌의 회색 배꼽들을 향해
헐벗은 슬픔을 토해낸다

혀끝이 아프도록 앙다문 입술로
내뱉는 쇳소리

난,
누군가 밟고 지나간 조개처럼
납작하게 출력되고 있다

신새벽

2017년 월간문학 등단. 시집 『파랑 아카이브』. 제8회 시예술아카데미상 수상.

김선아

근작시   사월 하순

포도알마다 씌워줄 보라색 털모자를 뜨겠습니다

아파트를 남편과 공동명의로 계약했다

신작시   여우비는 휘발성 강한 눈 깜짝할 새네

독실료

머리를 분홍으로 염색했다

■ 근작시

사월 하순 외 2편

김선아

   우리의 안녕 속에 슬픔은 몇 종쯤 될까. 팔만 사천 종이라 들은 적 있었으나, 지금은 고삐 풀린 변이종 시대. 그 번식력 짐작이나 했겠나,

   변종의 알뿌리에 빨주노초파남보 듬뿍 넣고 고아 내면, 순혈 무지개 산란할 텐데. 순혈은 찬란을 낳고, 그 찬란을 지구별만 한 회전 접시에 담아 신나서 슬픔에게 대접할 텐데. 찬란이 식어 딱딱해지기 전에 팔레스타인, 우크라이나의 참혹에게 건배! 슬픔이 야들야들해서 먹기 좋을 때, 드론 조정기나 미사일 같은 폐허에게 건배! 맘 편히 한잔하자, 외칠 텐데.

   설마, 어떤 강심장이 무지개에 돌격하겠니? 총부리 들이대겠니?

   오늘은 남색인가, 보라색인가, 종잡을 수 없는 슬픔이 그믐달 같은 접시에 담겨 있다. 사월 하순이다.

포도알마다 씌워줄 보라색 털모자를 뜨겠습니다

지난여름, 당신 오신단 소식 듣고 냉장고에 쟁여두었던 청포도. 여태껏 먹지도 버리지도 못했습니다. 달큼하고 싱그럽던 당신. 문 열 방법 없는 북천 안에서 저체온증 앓고 계신 건 아닐까 겁났습니다.

당신 오시지 않을 거란 소식조차 끊기자,

내 몸속에 우박 내리고 숨소리마저 매얼음 씹은 듯 자꾸 설컹거렸습니다. 싱싱고를 그 북천 문전으로 배송하고 문고리 돌아가는 소리 기다려볼까 합니다. 포도알 체온 되살아나기를 끝끝내 기다리면서 말입니다.

아파트를 남편과 공동명의로 계약했다

자코메티는 커다란 석고 더미를 극한까지 몰아가며 깎고 또 깎았다.

화장실도 없는 작업실이었다.

아내는 치워도 금방 산처럼 쌓여가는 석고 먼지를 쓸고 또 쓸었다.

미술사는 고쳐 써야 한다. 〈걸어가는 사람〉은 두 사람의 공동 작품으로 봐야 한다.

공동명의로 등재해야 한다.

■ 신작시

여우비는 휘발성 강한 눈 깜짝할 새네
외 2편

김선아

그리움은 여우비에게 새끼 젖 물리며 대대손손 살자 하네, 햇살 속에서 헤엄치는 물살을 여우비라 부르며, 아침이슬이 햇살 전구 갈아주는 그런 물가에 둥지 틀자 하네.

이 노릇을 어쩌나.

여우비는 온몸에서 물기 한 홉이라도 휘발되면, 날벼락처럼 눈 깜짝할 새되어 사라지는데,

여우비의 눈물샘이 젖어 있을 때, 그리움은 눈 깜짝할 새의 날개를 은박지처럼 착착 접어 영원의 서랍에 넣어두려 하네.

여우비의 마음에 붉은여우꼬리 씨앗 백일몽처럼 박혀 있네. 그 씨앗이 여우비의 눈물이 드나들 입구라는 걸 알아차린

〈

그리움은 전념하네, 그때부터 붉은여우꼬리에 물주며 애지중지 키우는 일, 여우비의 눈물샘 아프다 하면 때맞춰 침 놔주는 일에.

여우비, 눈물로 배 채운 어느 날이 햇소금 한 됫박 확 뿌린 것 같은 눈부신 날이 될 것이네.

독실료

 혼쇼핑에서 애인과 동행하기에 최고라는 동굴 여행 상품을 본 날, 혼자는 동굴을 찾아갈 결심을 애인에게 말했다. 혼자가 흘리고 다닐 시간이 아깝다며, 애인의 두 눈은 오직 혼자만을 위해 파놓은 동굴이라 속삭였다. 혼자는 동굴 속 계단에 설치해 놓은 밧줄처럼 애인이 든든했다.

 혼자는 동굴 여행을, 애인의 두 눈 속 봄날과 동반했다. 우쭐해진 혼자는 관광버스 안을 둥둥 떠다녔다. 그런데 숙소에 닿자마자 여행사 측에서 적잖은 금액의 독실료를 요구했다. 애인이 일찌감치 두 개의 숙소를 예약해 놓았던 터였다.

 별의별 눈동자라는 이름의 동굴에도 갔다. 애인이 혼자의 팔짱을 끼고 까무러칠 듯 좋아하면, 반짝이 용오름이 마구 치솟는다는 동굴이었다. 입구에서 기차를 십여 분 타고 들어가는 아주 깊고 신비한 동굴이었다. 기묘한 종유석 군상은 혼자가 애타게 기다려 왔던, 다정한 애인같이 절묘했다. 혼자의 심장이 벌렁벌렁 뛰었다. 그러나 애인은 까무러치지 않았다.

그날도 혼자는 독실료를 지불했다.

머리를 분홍으로 염색했다

검정 치마, 검정 지갑, 검정 눈빛, 그 검정 좀 벗어놓고 올래?
하지만, 내겐 다른 색이 없었다.

무지개가 동아줄처럼 길어졌다.
검정아, 꼭 잡아.
고소공포증을 견디느라 자꾸 놓쳤다.

어쩜, 염색 전용 미용실이 사거리에 개업했다네.
무지개의 오장육부에 가득할 것 같은 색, 분홍 전문이래.
아니, 분홍 무지개색 전문이래.

백 년 치 무지개를 모아 삶고 헹구길 반복해야
제 색이 살아난다는
그 분홍 무지개색이라니,

검정은 분홍 스카프, 분홍 승용차를 휘감고

분홍 빌딩, 분홍 책, 분홍 목소리를 연출했다.

그러나, 무수한 욕망이 뒤섞여 무슨 색인지 통 알 수 없게 변색한
분홍도 분홍일까,

사거리 미용실을 찾아가기로 했다.

분홍 무지개색에 물들어가던
산벚나무 꽃잎이 무더기로 흩날리는
언덕이 저만큼 보였으나, 아직 사거리는 나타나지 않았다.

김선아

2011년 『문학청춘』 등단. 시집 『얼룩이라는 무늬』 『하얗게 말려 쓰는 슬픔』. 제3회 김명배문학상 대상 수상. 2023년 한국문화예술위원회 문학나눔 우수도서 선정.

김밝은

근작시   스카이워커스: 사랑 이야기

데스 브로피Des Brophy의 시선으로

시절인연

신작시   누군가 떠나려는 기분을 보여줄 때

나와 닮은 얼굴을 보고 놀란 적이 있습니다

늦으면 죄가 되는 말,

■ 근작시

스카이워커스: 사랑 이야기[*] 외 2편

김밝은

사람들의 삐뚤어진 시선보다 마음에서 꿈틀대는 두려움이 더 무섭다고, 네 표정은 말하곤 했지

하늘에 가까울수록 사랑을 외치기에 아름다운 곳 오늘은 우리의 마지막 날이 아니라고 신앙처럼 믿고 싶어 쉿, 지금은 숨소리도 내서는 안 돼 빛도 없는 구석의 몇 날을 끝내 버텼잖아 달팽이가 제 몸으로 길을 내며 느리게 가는 풍경을 지켜본 날처럼 오래도록 널 바라볼 거야 꿈의 마천루를 눈앞에 두고 무모하다며 발목이 잡힌 사람들의 한숨 대신 주테 아라베스크 에티튜드… 아찔한 첨탑 위에서도 발레리나처럼 우아한 네 몸짓에 세상의 모든 움직임이 멈추겠지 자, 이제 널 나비처럼 가볍게 들어 올릴게, 불법이란 이름표는 떨어지고 인간의 욕망인 철근으로 올려져 속수무책의 공중엔 우리 심장 소리만 가득해질 거야

내려다보면 손톱보다 작게 보이는 지상에서 꽃잎 같은 우리가 한 걸음씩 걸어 올라왔다는 게 까마득하긴 해

* 7년 동안 6개국에 걸쳐 촬영된 다큐멘터리 영화로 맨몸으로 초고층 빌딩을 넘나드는 커플 이야기.

데스 브로피Des Brophy의 시선으로

순진한 입술을 가진 적도 있었지만,

라스베이거스에서 8분 만에 끝나는 드라이브 스루 결혼식을 한 뒤
 쉰다섯 시간 만에 안녕을 고할 수도 있고

눈길을 잡을 펑퍼짐한 탭댄스를 빗속에서 거뜬히 출 수도 있어
 얼음판 위를 걸어봐
 신나는 춤사위쯤 절로 나온다니까

화려한 꽃보다 막 구운 빵이 더 향기로울 수 있다는 걸
 멀리서 온 시간을 만나 알게 되기도 하고
 편안한 복장으로 친구에게 가는 발걸음이
 연애할 때 걸음걸이보다 더 발랄할 수도 있다는,
 꿈에도 생각하지 못한 날을 불현듯 잡아채기도 하지

인간은 북두칠성을 통해 세상에 나와 살다가

죽으면 다시 북두칠성으로 돌아가는 존재라는데

어제의 맑은 눈망울이 빛을 잃어가는지
조금씩 낯선 세상을 살아가고 있지만
기죽을 필요 없어

오늘이 가장 눈부신 날이라는 걸
깨닫지 못하고 있을 뿐

삶은 여전히 신명 나는 춤판이야!

시절인연

　당신을 그림으로 그릴 수 있다면 겨울 자작나무숲 뜨거운 심장만을 부여잡고 고드름 주렁주렁 매단 날들을 건넜다

　달의 언덕 신트라는 어디쯤인지 걷고 또 걸어도 어둠이어서 때가 되면 인연을 알게 되는 건지 인연이 있어야만 때가 오는 건지 갸우뚱해진다

　좋은 사람이란 영화 속 해피엔딩처럼 다만 환영일 뿐이어서 잠깐의 서투른 생으로는 도무지 알아볼 수 없다고 창백한 얼굴로 꽃이 지고

　착하게 지내면 만날 수 있냐며 연필에 침을 묻혀 또박 또박 편지를 쓰던 어린 손은 보이지 않는다 순하디 순한 눈으로 살고 있다고 믿고 싶던 가난한 낭만 따위도 아슬아슬하다

　자꾸만 서쪽 세상의 끝으로 눈이 향하고 정직하게 걸린 분홍색 이정표가 흔들리는데

　아직 때가 되지 않았다며 나를 회유하려는 캄캄한 내일이 자꾸 앞을 막아선다

■ 신작시

누군가 떠나려는 기분을 보여줄 때 외 2편

김밝은

나를 어르고 달래느라
늘 웃기만 했던 얼굴을
가끔은 날카로운 말을 거침없이 꽂았던 심장을,
눈물로 껴안았다

희망은 잘도 도망쳐 버리던 모진 세상
두 눈 크게 뜨고 사느라 너무 힘겨웠는지

숨을 쉬던 코로 밥을 넘기고
맛없는 것이 어딨냐며 그렇게 잘 먹던,
물기 하나 없는 입으로는 숨만 쉬면서도
표정 한번 변하지 않는 저 고집

손바닥을 접었다 펴는 사이
색다른 바람이 도착했다는 소식이 닿기도 전
그림자만 우두커니 남아 있는 집에서
당신의 남도(南島)식 기분이 간절해지면 어쩌지?
〈

몸을 들여놓지 못해 창밖에서 소리치는
느닷없는 가을의 기척쯤
곁눈질하지 않고 견뎌낼 수 있는데,

벼락처럼 내리친 캄캄한 소식은
여전히 혼수상태다

나와 닮은 얼굴을 보고 놀란 적이 있습니다

아픈 손가락이었다고 말하지나 말지, 아무 기척도 없는 표정을 매일 마주하는 일은 떼를 쓰며 우는 아이를 바라보는 것처럼 막막합니다 치매에 걸려서도 가지 말라고 허공에 되풀이하며 허우적대는 옆 침대의 가녀린 손이 차라리 부럽습니다

더는 병원에 머물 수 없다고 말하는 의사의 입은 단단한 성벽 같습니다 오늘은 종일 지금이 너무 어리둥절할 당신 생각만 하는데도 자꾸 눈꺼풀이 감깁니다 살갑지 못했던 날들에 쾅쾅, 주먹이라도 치고 싶은데 자주 입을 크게 벌려 웃으며, 나는 여기를 살아가고 있습니다

꽉 찬 그늘을 솎아내 말끔하게 정리한 텃밭처럼 당신의 캄캄한 어제를 들어낼 수 있다면 눈앞에서 보이던 것들이 사라져가는 두려움을 만나기 전으로 되돌아올 수 있을까요? 도무지 견딜 수 없던 여름의 오기 같은 무더위를 몰아내며 가을의 발등으로 비가 몰아칩니다

〈

    나와 너무 닮은 얼굴을, 얼마 전의 당신 목소리를 끌어안고 중얼거리는, 내가 들리긴 해?

늦으면 죄가 되는 말,

하품할 시간조차 허락되지 않던 날에도
반항하듯 희고 윤기 나던 얼굴은
미련 없다는 듯 무릎을 꿇었지만

세상의 손을 놓친 뒤에도
붙잡고 싶은 목소리가 많아서
미련처럼 귀는 열려 있다고,
사랑한다는 말을 자주 해드리세요

의사의 말은 신앙과도 같아서 이제껏 하지 못했던 말,
사랑해, 사랑해…
깜짝 선물처럼 한꺼번에 귀로 들여보내도

간절한 기도는 오히려 신에게 가닿지 않는
위태로운 믿음인지
요지부동인 *사랑해*의 힘

희망 같은 건 꿈도 꾸지 않는 게 좋을 거라는 듯

의식처럼 저승꽃이 피어나기 시작했다

김밝은

2013년 『미네르바』로 등단. 시집 『술의 미학』 『자작나무숲에는 우리가 모르는 문이 있다』 『새까만 울음을 문지르면 밝은이가 될까』. 제3회 시예술아카데미상, 제11회 심호문학상, 제11회 전국계간문예지작품상 등 수상. 한국문인협회 편집국장 역임. 현재 계간 『미네르바』 부주간, 『한국시인』 편집위원.

금시아

근작시   노 젓듯 찻잔을 젓는다
         머구리 K
         윤달

신작시   달의 경전
         먹물을 흠뻑 적셔
         봄의 소견서

■ 근작시

노 젓듯 찻잔을 젓는다 외 2편

금시아

어디선가 흘러온 배 한 척,

난파선처럼 기울어진 채 정박해 있다
그림인 듯 그림자인 듯
강기슭 고요하다

빛바랜 벽에는 해바라기들 끝이 없고
오후의 생각들 창가 테이블에 앉아
턱을 괴고 졸고 있는

순장자들의 은신처 같은
후미진 강가 카페 하나

바람은 쉴 곳에서 적막하고
고인 빗방울은 고요 속으로 튕겨 나가는데

문득 외진 느티나무 그늘이거나
수소문 끝에 찾아간 어느 병실이거나

이방인의 천적들 불협화음처럼 범람하고 있다

졸린 문을 활짝 열면 풍경들 두근거릴까
그림자가 그림자를 지우기도
또 다른 한 생명을 선물하기도 할까

카페 은신처,
눈먼 감정의 두려움과 마주 앉아
노 젓듯 빈 찻잔을 젓는다

떠도는 그리움만 세상 깊어
제목 없는 그림일기를 홀짝거린다

머구리 K

바다는 그를 발탁했다

물고기 숨으로 바다를 통역하는 머구리의 본능과 천리안으로 물을 물색하는 사내 K가 바다에겐 안성맞춤이었을 것이다

바닷속에 들어가 바다를 제시간에 건져내는 일은 자신을 소생시키는 골든타임,

그러나 K는 바다를 배신하지 않았다

긴 호스로 공급되는 지상의 탯줄을 끊고 물속에서도 물 밖을 유유히 들이쉬는 물고기 근육과 아가미를 가진 K는 이미 바다의 생물체,

바다를 가장 오래 걸을 수 있는 그의 몸은 어떤 수압에도 끄떡없어 혹등고래 지느러미처럼 유려하겠다

〈

바다를 박차고 높이 뛰어오른다거나 폭풍우 치는 밤 아무도 몰래 부둣가를 순찰하고 돌아간다면 그도 물 밖이 그립다는 것일 게다

바다를 향해 수저 한 벌 가지런히 올린다

K, 그는 지금 심해 어느 수심을

윤달

저 달을 몇만 번 우려내면
운명을 꿰뚫어 볼 수 있을까

꽃 같은 남자를 보내고
나날이 마른 꽃이었던 어머니

이렇게 쭈글쭈글한 얼굴을 알아볼 수 있을까

아무리 한숨을 밀어내도 그리움은
탱자나무 가시울타리처럼 촘촘해졌는데

공공 화훼 단지 들어와 산소 자리
봄부터 청사초롱 밝혔는가

하얀 개망초꽃 맨발로 춤추던 날 어머니는
아버지 갈비뼈 어디쯤에 누우셨다

봉분에 침 발라 몰래 들여다보면

갈라지고 무뎌진 발바닥
수줍은 첫날밤처럼 간지러울까

인연은 뫼비우스 띠처럼 궤를 벗어날 줄 몰라
슬픔조차 눈 녹듯 꽃피어 손 없는

달의 시간, 마침내 윤달,

■ 신작시

달의 경전 외 2편

금시아

바다를 가두어요
바다가 꽃피는 일은 고립이에요

가장자리부터 아팠을까요

달이 차고 기울면 바다도 차고 기울어
염전은 달의 영역, 염부는 순종합니다

꽃은 홀로 피지 않아요

지상의 맥락과 하늘의 공조
저어주고 모아주는 염부의 정교한 몸짓까지
모두 달의 소소한 전략입니다

바다 꽃을 꺾어 식탁에 꽂아요
나는 손톱을 자르고 세상은 숨이 죽어요
가장 불규칙한 규칙이 가장 따듯해
간이 잘 맞는 저녁 오순도순합니다

〈
짠물의 평전 펼치면
가까워졌다 멀어지고 비워내다 채워지는
저 아득한 수평,

물이 듭니다
염부는 손이 많이 가는 바다를
가장자리부터 가둡니다

바다와 뭍의 징표, 소금꽃은
달 안쪽의 하염없는 눈썰미입니다

먹물을 흠뻑 적셔

더러더러 물을 주었던가요.
세상이 들썩거렸던가요

말라붙은 잎사귀들 다 잘라낸 난 화분 하나, 베란다
에서 겨울 햇살이 얼었다 녹았다 하는 사이

두 개의 푸른 날개 돋았습니다

언뜻 보면 아기 사슴뿔 같기도
어린 학동의 문자 같기도 했습니다

주술일까요 맹세일까요
뭔가 발설할 것 같은 입을 삐죽 내민 연초록 이파리
의 가냘픈 염력을 봅니다

저 염력을 하루만이라도 빌리고 싶어
경중경중 뺨을 비벼대는 아기 사슴뿔에 휘청거리듯
잠시 손길이 머뭅니다

〈
　누군가의 환생은 아니겠지요
　작은 새의 심장처럼 따뜻한 난의 깃털을 무릎 발로
닦습니다

　먹물을 흠뻑 적셔,

　난 잎과 날아가는 새의 날갯짓 사이
　좀 더 낙낙한 분을 쳐야겠습니다

봄의 소견서

자작나무가 덥석 봄을 끌어안았습니다

소스라치게 놀란 봄 소름이 돋았습니다

쌉쌀한 방가지와 산 고들빼기
살 부드러운 산 쑥까지 넣고 쓱쓱 싹싹
봄은, 소름을 버무렸습니다

봄의 쓴맛에
자작나무 심한 화상을 입었습니다

소동이 났습니다
소문이 자자했습니다

야밤은 입을 틀어막고 사태를 봉합했습니다

할아버지 돌아가신 날
작은댁은 사라졌습니다

작은, 이란 말은 금기어가 되었습니다

봄은 소견서를 제출했습니다

자작나무 자작자작 철이 들었습니다

금시아

2014년 『시와표현』으로 시, 2022년 『월간문학』으로 동화 등단. 시집 『고요한 세상의 쓸쓸함은 물밑 한 뼘 어디쯤일까』 『입술을 줍다』 『툭, 의 녹취록』. 사진시집 『금시아의 춘천詩_미훈微醺에 들다』. 단편동화집 『똥 싼 나무』. 산문집 『뜻밖의 만남, Ana』, 시평집 『안개는 사람을 닮았다』 등. 제3회 여성조선문학상 대상, 제5회 강원문학작품상, 제16회 강원여성문학상우수상, 제14회 춘천문학상, 제17회 김유정기억하기전국공모전 '시' 대상 등 수상. 현재 강원문인협회, 강원여성문학인회 이사.

강빛나

근작시   안초베타

         이택재의 밤

         파토스

신작시   빨리빨리

         사량도 蛇梁島

         新 부활

■ 근작시

안초베타 외 2편

– 아폴로 11호 승무원의 말에 의하면, 달에는 수억 년 된 멸치 화석이 존재했다고 한다. 천문학자들은 멸치를 인간보다 먼저 우주에서 온 외부 존재라는 가설을 만들었다.

강빛나

달 속에서 수억 년
무늬를 새기고 기다려요

내가 여기 있었다는 걸 믿을 수 있나요
경계를 지우면 머물다 간 어제의 갈퀴가 보여요

백발에 떠밀려온 할아버지가
그득한 그물을 당기며 불던 휘파람 소리를

따라갔어요

몸이 가스에 타고 고열에 들끓어도
바람의 눈자위를 지나 날마다 날렵해지는 연습을 했죠

그 바닷물 속 냉기에 이르자
날 듯, 헤엄치듯 하는 나를 보려고 성대한 잔치가 열려요

달빛을 껴안으면 거대한 새들이 모여들어 지구의 물
속인 줄 알아요

　살고 싶은 날과 죽고 싶은 날이 같아지면
　중력을 갈라야 해요

　시간의 꼬리를 늘이는 방법에 고심하는 동안
　생각은 헝클어져
　수만 번 소란을 껴안아요

　물의 계단을 건너
　잔치가 끝나면 돌아가는 길을 몸에 말아 넣고
　오늘을 허물 벗듯 익숙하게 비늘을 벗고
　우주선을 타죠

　아폴로 11호로 날아가 볼까요
　허공을 걷고 있어요
　언젠가 물결의 흔적을 쥐고 내 유전자가 달나라를

떠났던 날처럼

겁 없이 빨랐던 억겁도 찰나로 만나는 나는
올곧은 뼈의 가문

이택재의 밤

이택재에 들어서면
두 연못이 몸 비벼 찰방거리는 소리 들린다

어느 한 곳의 목이 마르지 않게
저물도록 수심의 기울기를 맞추면서
여백을 끌어 주는 물빛으로
앞서거니 뒤서거니
나란히 뒷심 다독이는 소리 자박하다

밤이 들면 별들이 제빛을 보이듯이
스승의 그림자는 어두울 때 더욱 빛나서
사람 목숨에 어찌 높낮이가 있는지
꼿꼿한 자태로 세쇄한 물음 엮던
묵직한 모습이 등불 아래 환하다

배움은 이택재의 연못처럼 고이다가
흘러가는 법이라서
깎이고 다듬어진 돌멩이가

부대끼며 단단해진 순암을 닮아
세파의 시류에도 웅숭깊다

수로를 따라가는 물처럼 사유도 깊이 들다
흘러가야 하는 것

그때그때 못물 도란거리는 소리 받아 적던
문하생들의 눈망울이
호수에 뜬 달빛 타고 下學을 건너간다

금붕어, 빈 배 채워 주는 모이의 밤이다

파토스

여기서부터 놓을게요
맘에 안 들지만 편안해 보이네요

진작 알았다면

바싹한 수건의 아침으로 갔을 텐데요
햇살 얹은 정오의 눈송이면 어떻고요

우리의 친밀은 건네지 않아야 두터운가요
다리를 폈는데 구부리지 않을 여백만큼

당신을 놓고
사는 일이 즐거워질까 봐
어쩌면 두렵기도 해요

하지만 헐겁게 조인 무성한 고요가
수만 번의 호명에도 대답 없던 그를
만나게 할지도 모르죠

〈
게으르고 싶었던 빽빽한 다이어리
까닭 없이 까칠한 순간은
당신의 위로가 필요한 때였어요

진지해서 입꼬리를 올릴 줄 모르는 당신이
한동안 나 때문에
외롭다 외롭다 입버릇만 키울 뿐

나의 무대에는 함께 자랄 타란툴라
독이 있어 타오르는 불모의 적이 있으면 좋겠어요

당신이 가진 독성의 7할에 일곱 뼘 자랐거든요
우리의 거리에 이파리만 무성하다는 거
빈 몸, 그거 전혀 나쁘지 않아요

■ 신작시

빨리빨리 외 2편

강빛나

No는 괜찮지만
느린 건 못 참아요

질문을 던져 놓고 나면
금세 속이 부글거려요
나는 나무를 볼 새가 없어요

새가 이쪽저쪽 날아간다
테이블야자 사이로
건너는 물컵

되돌아오다 맥 풀린 메아리처럼
반응을 눈치채지 못한 몇몇 새는
물속으로 사라진다

유리창 저편 호수에서 수상스키가 한창이다
수면을 타던 사람이 잡은 줄을 놓친다
줄은 잡으라고 있는 건데

〈
나는 언제까지라는 대답을 기다리면서
꾸물거리는 더운 나라 사람에게
짜증을 들키고 싶지 않아
지그시 발을 누른다

그래서 결론이 뭐예요
물컵으로 빠져드는 그림자를 보며 심호흡을 한다

나무가 보이고
물 바닥에 떨어진 새들이 반짝이는 이파리를 물고 나온다

파리파리는 못 가도 서울은 돌고 싶은데
줄을 잡고 따라올 낌새가 영 보이지 않는다

사량도 蛇梁島

부모님 살았을 때 자주 가야지
안 계시면 고향이 고향이 아니라는데

물때처럼
아무 때고 드나들 수 없어
바닷속 소용돌이처럼 돌고 돌았네

멸치 떼 우르르 몰려다니듯
친구들과 함께 배꼽 잡고 넘어가던
십 리 산등성이 등하굣길

길은 갈수록 평평해지는데
사는 일은 넘을수록 꾸불꾸불하기만 하고

사랑이 고프면 귀가 먹는지
사량도라고 말해도
당신은 끝내 사랑도라고 알아듣네
〈

사랑하는 일이 뱀의 혀 같아서
불쑥, 내밀어야 할 때가 있다지만

사량도를
우리
사랑도라고 부를까

내친김에 조선 수군의 병사 애인이 되어
옥녀봉 전설을 손가락에 끼고
지리망산 정기를 거머쥔 거문고를 타네

위아래 섬을 튕기듯
출렁출렁 타 넘는 물결
바다가 그만 까무룩 하도록

내 고향은 사랑이어도 좋을 남해 그곳,
당신처럼 늘 거기에 있네

新 부활

최대한 빨리 얼려주세요
불치의 사실에 의문이 들지 않도록
남극보다 추운 걸 상상할 수는 없지만
탱크 안 밀실은 남극보다 곱절은 낮대요
췌장암으로 먼저 냉동된 엄마는 러시아로 떠났어요
그곳의 쳄버는 언제까지 안전한지 모르겠어요
기껏해야 백 년이라는데
불멸을 꿈꾸다가 모르는 얼굴로 이별해야 한다면
사사로운 고독은 남기고 싶지 않아요
이식된 심장이 멈추어도 늑골 사이
내가 사랑한 이름은 옹골차게 새겨 주시고요
아직 잠들지 못한 슬픔은 가만히 토닥여주세요
영원의 세계에서 멈추어 서른 살로 깨어나는 것
욕심은 부리라고 있는 거잖아요
꿈틀거리는 기억 회로망을 얻는 게 죄라면
아는 얼굴은 한 명도 없겠네요
햇구멍으로 들어가는 노을처럼
어차피 마지막은 혼자니까 엄마,

해동되는 그때 우리는 오래된 미래 인간인가요

강빛나

2017년 『미네르바』로 등단. 시집 『만지면 없는 당신을 가졌어요』. 제2회 예천내성천문예공모 대상 수상, 시예술아카데미상 수상. 현재 계간 미네르바 편집장, 성남민예총 문학위원회 위원장.

하두자

근작시 클라이밍

모네의 정원

허그

신작시 선율

다락방

엎드리다

■ 근작시

클라이밍 외 2편

하두자

나는 오르려는 사람
바람의 손들이 외줄에 새겨질 때 한 번 더 오르려는 사람

차갑게 오른다

환상의 마지막은 늘 추락으로 끝나지만
텍스트와 플롯으로 빗방울 같은 절벽을 향해 기어오를 때

태양의 흑점과 광활한 우주에 대한 술렁거림엔 관심이 없다
까마득한 저 너머의 너머나 아직 태어나지 않은 미래에 대해서도

오직
오르는 것과 건너뛰려는 것뿐
그건 내 버팀의 각도라서

허공과 허공을 넘나드는 새떼들을 밀어내기도 했다

　　시베리아 한복판을 지나온 바람을 잡고
　　허공을 허들링 할 땐 내가 나의 오름을 흔들어대기도 한다

　　그때마다
　　떨어지려는 나는 쏟아지려는 나는 무너지려는 나는
　　불가능이란 말을 저 절벽 아래로 집어던지고

　　기댈 수 없는 벼랑 끝에 얼굴을 파묻고 체온을 데우지만
　　희미해진 손바닥으로 자꾸 미래가 밀려들어
　　다시 활활 거린다

모네의 정원*

이렇게 해맑게 핀 꽃들은 처음 봐
쏟아지는 빛들이 꽃잎과 줄기에 매달려 맹목적이야

사진을 찍어줄게
햇살을 등지고 꽃을 두르면
너의 얼굴이 더 어두울까

하서夏書를 따라 쏟아지는
빛은 꽃의 심연에서 명랑을 끌어올리려 안달을 해

넌 양산 속 그늘에 살짝 숨고
카메라는 꽃들이 물과 빛에 숨이 막히는 걸 보지

멀리서 보면
수면을 차고 오르는 꽃은 햇빛을 희롱하느라
꽃을 갉아먹는 벌레 따윈 신경 쓰지 않아

꽃이 수면에 그늘을 드리울 때

네가 키운 슬픔은 벌레처럼 꿈틀거리지

나는 꽃의 환희를 보는데
너는 꽃의 비명을 듣고 있어
꽃잎이 펼쳤다 접히는 갈피마다 착란은 자라고

꽃을 등지고 얼굴을 잃어버린 너와
꽃을 마주 보고 시선을 잃어버린 내가 마주 앉아
무거운 눈썹인 양 나비가 날개를 접었다 펴는 보지

우린 너무 환해 부서질 것 같은
빛과 꽃이 겹치는 모네의 정원을 낭창낭창 걸어 나
왔지

* 파리 지베르니에 있는 모네의 정원.

허그

원 안에 있습니다 허그입니다
갈색 쟁반의 감정들이 떨어집니다
허그 안에 대립되는 에그 타르트와 호두파이는
서로 다른 태도를 품고 있습니다
쟁반의 여백은 줄어듭니다

당신은 커피를 주문합니다
나는 에그 타르트를 한입 베어 물고
당신의 시선을 따라갑니다
원의 테두리가 와르르 무너집니다
기상 캐스트가 친절하게 설명하지 않아도
아픈 내일의 날씨를 알 것 같습니다

입맛을 위해 최대치로 올려지는
타르트의 내면은 부드럽습니다
새까맣게 타들어가는 가장자리가 노랗습니다

당신의 호두파이는 얼마만큼 견고한가요

세게 깨물면 허락되는 균열입니까
당신의 표정이 등 뒤로만 읽힙니다

호두파이의 세계에서는 한숨이 슬쩍 내려앉는
우리는 한 허그 안에서
서로의 안쪽은 보지 못하고 기다리기만 했습니다
너무 많은 티타임과 카오스를 가지고 왔습니다

헤어져도 괜찮다는 듯 나는
눅눅한 타르트의 자세를 계속 유지합니다

■ 신작시

선율 외 2편

하두자

시 읽는 일은 언어로 이루어진 음악을 듣는 일이고
시집 읽는 일은 여러 곡이 묶인 앨범을 듣는 일과 비슷하다[*]

초여름 화단에 떨어지는 빗소리. 첫눈 내리는 날의 고요 소리. 가을밤 뒤꿈치를 들고 떨어지는 나뭇잎들의 착지 소리. 어머니의 마지막 눈빛 소리. 어릴 적 내 눈물 소리. 옅은 분홍색 손톱의 질투 소리. D 현의 기타 줄 소리. 그리고 내가 그리워할 수밖에 없는 풀풀들던 당신의 목소리

그 아득한 문장들이
내 온몸을 타고 오르내린다면

선율

말의 등짝에 올라타 다정다감한 리듬을 느끼면 나는 기꺼이 갈기를 휘날리는 말머리가 되어

〈
 오르내리던 한 음의 한 소절이 나를 전율케 하면
 나는 세상사 파도가 되고 해일이 되고 불타는 맘이 될 것이다

 영혼의 맑은소리가 절정에 다다랐을 그곳에서 한없이 환희의 눈물을 흘릴 것이다

 다시
 시집을 펼쳐 든다

 * 박연준 산문에서.

다락방

다락엔
유효기간 지난 거미줄이 혼자 놀고
기운 풍경을 끌어안은 작은 창문도
저 혼자 늙어 갔습니다

늪의 문장과
날짐승의 문장이
앉은뱅이책상과 서랍을
끌어당기는 시간으로 가득 찰 땐

누군가의 슬픔을 귀담아듣다가
그 속살에 손을 얹고 숨죽이듯 고요히
그러나 기꺼이 나의 몸을 포개어 더 캄캄해지는
바닥을 더듬기도 했습니다

성당의 종소리가 울렸지만
울려 퍼지는 일은 종소리의 일이었고
오래된 벽지의 얼룩처럼 패인 시간을 드러내는 건

나의 일이었습니다

발톱을 세운 내 안의 아린 문장들이
사물과 사물을 손바닥 위에서 뛰놀다
먼지가 씌워지기도 했습니다만

이 벽에서 저 벽으로 어둠이 스며들 때까지
벽장에 숨은 헛 귀신들이 모두 나와 와글거릴 때까지
내가 낳은 말들이
무한히 확장되고 변주될 때까지
나를 끌어당기던 방이 있었습니다

다락이 있었습니다

엎드리다

나는 낮게 드리운 구름 아래에서 더 낮게 엎드려있다

봄 하나가 북한산 자락을 헤집고 다녀도 당신의 몸속
봄은 턱없이 야위었고 맹목이 위험하다는 걸 아직
모른다

앰블런스가 다녀가느라 조용함이 깨진 청운 요양원

이 청운은 푸른 희망이었다가
별바라기 별이나 안개처럼 흩어지는 구름이었다가
서로에게 암묵적인 블랙홀이 되었다

누군가 실려 나가며
알 듯 모를 듯한 죽음 하나를 마당에 부려 놓았다

조용함이 싫었는지 가까운 데서
개가 허공을 향해 몇 번 짓다가 제 귀를 닫을 때
〈

아무 일 아니라는 듯
하루가 무심하게 양달과 응달을 골라 앉는다

오늘의 당신은 순한 몸으로 햇살을 담뿍이다가
꽃이 피는 소릴 들으며 잠들었지만
백발의 꿈이 침대 끝에서 부스럭거린다

주름진 당신의 손은 의심도 없이 청운스럽게
다른 행성으로 이동할 준비를 하고 있는 게 아닐까
싶어
나는 그 꿈의 행방을 찾다가 엎드린다

앰블런스가 다시 들어왔다 나간다

하두자

1998년 월간 『심상』으로 등단. 시집 『물수제비 뜨는 호수』 『물의 집에 들다』 『불안에게 들키다』 『프릴 원피스와 생쥐』 등. 리토피아 문학상 수상.